AF573581

LE PÈLERINAGE

DE

LA MECQUE

SES INFLUENCES POLITIQUES & COMMERCIALES

Conférence faite le 15 juin 1889 à la Société de Géographie commerciale de Paris

PAR

H. CASTONNET DES FOSSES

Membre de la Société de Géographie,
Président de section de la Société de Géographie commerciale de Paris

ANGERS
IMPRIMERIE LACHÈSE ET DOLBEAU
4, rue Chaussée-Saint-Pierre, 4

1889

LE PÉLERINAGE DE LA MECQUE

SES INFLUENCES POLITIQUES ET COMMERCIALES

A l'heure actuelle, le monde musulman semble se réveiller et fait montre d'une nouvelle vitalité. Les disciples du Koran se remuent et l'on serait tenté de croire qu'ils songent à livrer un nouvel assaut à la Chrétienté. En Asie comme en Afrique, nous sommes à la veille d'événements qui sont les indices que l'Islamisme n'est pas sur le point de périr, comme parfois le supposent certains politiciens, mais qu'au contraire, il entre dans une phase plus terrible et plus redoutable qu'on ne le croit généralement. Il importe donc que l'on connaisse en Europe le monde musulman, sa force, sa puissance, ses moyens d'action.

L'Islamisme compte de nombreux adhérents, que l'on peut évaluer à deux cents millions. L'empire Ottoman, l'Arabie, la Perse, l'Afghanistan, le Béloutchistan, l'Égypte, la Nubie, le Soudan, la Tunisie, l'Algérie, le Maroc, Zanzibar sont des pays entièrement musulmans. Il en existe plus de cinquante millions dans l'Inde, vingt millions en Chine, un million cinq cent mille dans le Siam, cent mille au Cambodge [1]. La plus grande partie de la population de la Malaisie est musulmane, et à l'heure actuelle une propagande des plus actives est en train de convertir à la loi du prophète les nègres de l'Afrique. La Sénégambie, la côte du Zanguebar, la région des grands lacs ont en partie adhéré au Koran : encore quelques années et le continent noir sera conquis et devenu la proie de l'Islam.

Ce mouvement peut nous étonner tout d'abord et l'on est disposé à se demander comment l'Islamisme, qui à vrai dire n'a pas de chef religieux, bien que les Sultans de Constantinople s'intitulent les successeurs des Khalifes, possède cette force, cette unité d'action. Cet étonnement cesse lorsqu'on connaît le pèlerinage de la Mecque. Cette unité que les Musulmans ne possèdent pas chez eux, ils la retrouvent sur la route de la Mecque, à la Casbah de la ville sainte ; nous voyons immédiatement l'importance du pèlerinage de la Mecque. Aussi nous sommes amenés à nous demander quelles sont les origines de ce pèlerinage, en quoi il consiste, et en même temps à connaître son importance, ses conséquences politiques et commerciales.

Lorsqu'on quitte le canal de Suez et que l'on pénètre dans la mer Rouge, l'on aperçoit sur la côte

[1] L'on trouve des Musulmans jusque dans la Cochinchine française.

d'Arabie un littoral dont on estime le développement à 1,500 kilomètres. C'est l'Hedjaz, région généralement sablonneuse et stérile ; le sol n'est guère fertile que dans les vallées situées entre les montagnes et le rivage. Les productions se réduisent à peu de chose et sont principalement le baume, l'encens et la myrrhe. Néanmoins, malgré sa pauvreté, l'Hedjaz a une grande importance. Pour les Musulmans, c'est la *terre sainte, Belad El Aram*, le *pays sacré*, comme ils l'appellent. C'est là que s'élève, à environ 90 kilomètres du rivage du port de Djeddah, la cité sainte de la Mecque, la capitale religieuse de l'Islamisme.

Les origines de la Mecque sont fort anciennes et se perdent en quelque sorte dans la nuit des temps. Si nous nous en rapportons à la tradition arabe, lorsque Abraham eut chassé Agar et son fils Ismaël, il les fit conduire dans le désert à l'endroit où se trouve aujourd'hui la Mecque. Agar eut bientôt épuisé le peu de provisions qu'elle avait. Dans son désespoir, elle parcourait à grands pas l'espace qui s'étend entre les collines Safa et Marwa, cherchant en vain à étancher sa soif et celle de son fils Ismaël qui pleurait. Un ange lui apparut et lui indiqua une source dont l'eau jaillissait. A cette vue, elle fut remplie de joie et, craignant que l'eau ne se perdît, elle apporta de la terre qu'elle plaça autour de la source de manière à former un bassin. C'est cette même source qui alimente encore maintenant, disent les Musulmans, le puits célèbre, nommé puits de Zemzem.

A ce moment, une tribu d'Amâlica, les Amalécites de la Bible, errait dans la contrée. Deux Amâlica en cherchant des chameaux égarés furent pressés par la soif. Guidés par des oiseaux qui voltigeaient devant eux, ils arrivèrent près de la source où se tenait Agar et furent fort étonnés de voir l'eau jaillir à un endroit qu'ils connaissaient pour être aride et desséché. Lorsque Agar leur eut appris le miracle opéré en faveur d'Ismaël, ces Amâlica conçurent le plus grand respect pour elle et pour son fils et s'établirent avec leurs compagnons près de cette source. Ismaël grandit parmi les Amâlica, et quand il fut parvenu à l'âge viril, il épousa la fille d'un de leurs chefs. Quelques années plus tard, deux nouvelles tribus vinrent planter leurs tentes près des Amâlica ; ces tribus étaient les enfants de Djorhom et ceux de Cotoura, les Jectanides et les Madianites de la Bible. Les Amâlica, jaloux des nouveaux venus, formèrent le dessein de les expulser et se livrèrent contre eux à des violences, mais Dieu, pour les punir, suscita contre eux des fourmis, et la plupart s'éloignèrent. Les Djorhomites et les Cotoura demeurèrent en possession du pays et Ismaël épousa la fille du chef des Djorhomites. C'est alors que d'après la légende de la construction de la Casbah par Abraham et son fils. Abraham serait venu voir Ismaël et tous deux, avec l'aide de l'ange Gabriel, auraient construit le sanctuaire devenu plus tard si célèbre.

Ismaël eut douze fils qui furent l'origine de douze tribus, et l'une d'elles, qui descendait de Nabit, donna naissance aux Koréischites qui jouent un si grand rôle dans l'histoire de l'Islamisme. La Casbah devint un centre relativement assez important, mais la discorde ne tarda pas à s'y glisser, et après une lutte les Cotoura furent chassés du pays, et la partie de l'Hedjaz où s'éleva plus tard la Mecque resta au pouvoir des Djorhomites et des descendants d'Ismaël.

Les traditions des Arabes sont des plus curieuses. Elles nous indiquent que la ville d'Yatreb, où Mahomet devait un jour se réfugier, fut fondée par les Amàlica, et en même temps elles racontent que l'Hedjaz reçut des colonies juives à différentes reprises. La principale aurait été celle de Khaybar. C'est là que David se serait retiré lorsqu'il fut forcé de quitter son royaume par suite de la révolte de son fils Absalon. Sous le règne d'Ezéchias, un certain nombre de familles de la tribu de Siméon seraient venues s'établir dans l'Hedjaz, qui aurait plus tard été conquis par les Assyriens et ravagé par Nabuchodonosor. A cette époque lointaine, la légende de l'origine de la Casbah s'était répandue dans toute l'Arabie, grâce aux Ismaëlites et aux Djorhomites qui avaient peu à peu formé la majorité de la population de la péninsule et s'étaient complètement fusionnés. La Mecque avait été construite, et au début la ville ne consistait qu'en un assemblage de tentes, mais elle était devenue de bonne heure un centre religieux et politique. Alors que les Arabes étaient adonnés au fétichisme, ils accomplissaient de nombreux pèlerinages. Le plus célèbre était celui de la Mecque et le seul lien national qui unissait les tribus d'origine si diverse qui couvraient le sol de l'Arabie. C'est là que les enfants du désert venaient en foule visiter la Casbah, baiser la pierre noire et écouter les chants et les récits des poètes, car tout pèlerinage était accompagné d'un tournoi poétique. Le sanctuaire de la Mecque était connu des Romains et ils le désignaient sous le nom de *Macoraba*. La vénération qui s'attachait à la Casbah était si grande que, pendant bien des siècles, l'on n'osait pas construire de maisons dans son voisinage, et le soir l'on s'éloignait par respect du temple qui était entouré d'un bois sacré de palmiers. Ce fut seulement au ve siècle de notre ère que Cossay, le fondateur de la puissance de la tribu des Koréischites, bâtit la ville de la Mecque, qui à part la Casbah, consistait en un campement de nomades. Il fut pour cela obligé d'abattre, malgré la répugnance de ses compagnons, le bois sacré, et il lui fallut tout le prestige dont il jouissait pour vaincre les difficultés que rencontra cet acte considéré par nombre d'Arabes comme une profanation.

Au VIIe siècle, le peuple arabe était mûr pour l'action ; il n'attendait que le moment pour se répandre au dehors et montrer sa jeunesse et sa virilité. Mahomet paraît et sa parole est écoutée des tribus. Une nouvelle religion, celle de l'Islamisme, est fondée, mais son fondateur fait preuve d'une haute intelligence politique en utilisant à son profit les éléments de force qu'il trouve en son pays. Le pèlerinage de la Mecque existe ; loin de chercher à le détruire, Mahomet l'adopte, le consacre et en fait une des bases de sa religion, qui sont au nombre de cinq : la profession de foi, la prière, l'aumône, le jeûne et le pèlerinage à la Mecque que tout bon Musulman doit accomplir une fois dans sa vie. Au point de vue politique, le pèlerinage de la Mecque a les plus grandes conséquences. Il maintient l'unité des Musulmans et en même temps assure la suprématie de la race arabe sur les autres peuples qui ont adhéré au Koran. Depuis l'an 629, époque à laquelle Mahomet a visité la Casbah avec deux mille de ses partisans, il a eu lieu chaque année, au même mois. C'est dire tout le prestige dont il jouit dans le monde musulman ; aussi, il ne faut pas s'étonner si la Mecque est restée la véritable capitale de l'Islamisme et si cette ville commande à des millions d'hommes, d'autant plus que toutes les confréries religieuses, dont on a tant parlé dernièrement, y ont des représentants attitrés et répètent respectueusement le mot d'ordre qui part du sanctuaire et est toujours obéi.

La Mecque porte différents titres, tous plus pompeux les uns que les autres. Les plus ordinaires sont *Om-el-Kora,* la mère des villes, *El-Mocherefé,* la noble, *Belad-Al-Amein,* la patrie des fidèles. Cette ville est située au cœur de montagnes arides, coupées d'un labyrinthe d'étroites vallées. Ces montagnes s'avancent en dehors de la grande chaîne qui sépare le plateau central du littoral et que franchissent deux cols aboutissant dans le voisinage. La Mecque se trouve ainsi située au point de réunion des routes de l'intérieur avec celles de la côte et cette situation lui avait donné bien avant Mahomet une grande importance commerciale. Le climat est insalubre, et l'air généralement très sec. Durant les mois d'août, de septembre et d'octobre, les chaleurs sont excessives et les vents étouffants, surtout ceux de l'est et du sud, et en décembre ont lieu des pluies très violentes.

La ville elle-même est construite dans une vallée basse et sablonneuse qui est fort étroite, si bien que des maisons s'élèvent sur les flancs des montagnes, et que l'on avait eu à élever des remparts sur trois points. Ces remparts n'existent plus aujourd'hui ainsi que les trois portes dont les noms se sont conservés pour désigner les différents quartiers. Au delà s'étendent des faubourgs considérables, et près de l'emplacement de la porte du sud s'élève, sur une montagne, un château assez bien fortifié.

La Mecque est donc une ville ouverte, contrairement aux habitudes de l'Orient. Sa plus grande longueur du nord au sud est de 3 kilomètres, et sa plus grande largeur de 1,500 mètres. Il est difficile d'apprécier sa population ; on l'évalue à trente mille habitants. L'aspect général de la ville est pittoresque. Les maisons sont toutes en pierre, bien bâties et surmontées pour la plupart de toits en terrasses avec des façades décorées de moucharabiés dont l'effet est assez imposant. Les rues sont plus larges que dans les autres villes arabes, afin de donner passage à la foule des pèlerins.

Parmi les établissements publics, l'on remarque les bains, les *ribat* ou asiles, un hôpital et une cuisine pour les pauvres. Il y a quelques années, une école de théologie a été fondée par un riche Musulman hindou. C'est la seule qui existe actuellement, car depuis, les écoles qui avaient brillé au Moyen Age avaient été converties en logements. Dans l'une des principales rues, appelées *Maza*, se trouve le bazar toujours fréquenté par une nombreuse affluence, et enfin, au centre de la ville, la mosquée, le seul monument qui y existe.

La mosquée de la Mecque a la forme d'un quadrilatère dont les faces sont engagées dans des constructions particulières qui lui ôtent à l'extérieur toute régularité. Dix-neuf portes, disposées sans ordre, donnent entrée dans la cour intérieure ; irrégulières dans leur construction, les unes sont terminées par une arcade ogivale, les autres par un plein cintre. Quelques inscriptions en l'honneur de celui qui les a fait élever en forment toute la décoration. Ces portes n'ont pas de vantaux et restent ouvertes toute la nuit. Dans l'intérieur du temple se trouve une vaste cour formant un parallélogramme régulier de deux cent cinquante pas de long sur deux cents de large. Elle est entourée d'arcades soutenues, dont quelques-unes sont en granit, d'autres en marbre, mais la plupart en pierres grises. Au-dessus de ces arcades du sommet desquelles pendent des lampes que l'on allume chaque nuit, s'élèvent une quantité de petites coupoles surmontées elles-mêmes par sept minarets, dont quatre sont placés aux quatre angles et trois d'une façon irrégulière. Ce nombre mystérieux des sept minarets n'a jamais pu être dépassé dans aucune mosquée.

C'est au milieu du parvis que s'élève la Casbah. Sa forme et son architecture n'ont rien qui révèle une haute antiquité. C'est une espèce de cube, construit en pierres grises de la Mecque, grossièrement taillées en blocs de différentes grandeurs. Sa longueur serait de dix-huit pas, sa largeur de quatorze et sa hauteur de quarante pieds anglais. Cette construction massive semble d'abord inaccessible. Sur la face de l'édifice qui regarde le nord, il existe une petite porte placée à environ sept pieds du sol, et pour y parvenir l'on applique à la muraille un escalier mobile en bois qui disparaît pour quelques mois lorsque les pèlerins ont accompli les rites sacrés. L'intérieur de la Casbah offre à l'œil une vaste salle dont le plafond est soutenu par deux piliers; pas d'autre ornement que des inscriptions arabes et les nombreuses lampes en or massif qui éclairent ce sanctuaire. Le pavé est formé de beaux marbres, disposés en élégantes mosaïques. Non loin de la porte d'entrée se trouve, enchâssée dans la muraille extérieure, la fameuse pierre noire qui, suivant la légende, aurait été apportée du ciel par les anges à Abraham lorsqu'il était occupé de la construction du temple. Cette pierre noire, qui a un diamètre de six à sept pouces et forme un ovale irrégulier d'un rouge tellement foncé qu'elle peut passer pour noire, est un aérolithe; c'est en partie à son origine qu'elle doit le culte dont elle est l'objet. Elle est constamment offerte à la dévotion des pèlerins. Tout le reste de la Casbah est recouvert d'un immense voile noir qui n'est relevé à quelques pieds du sol et suspendu en festons à des cordes de soie que pendant les premiers jours du pèlerinage.

Non loin de la Casbah, dans la cour de la mosquée, s'élève une autre construction carrée, d'apparence également massive, mais beaucoup plus petite. Elle recouvre le puits de Zemzem, cette source qu'un ange fit jaillir pour étancher la soif d'Ismaël. La salle où se trouve le puits sacré est revêtue de marbre, et huit fenêtres y laissent pénétrer de toutes parts les rayons du soleil. Une estrade de marbre blanc entoure la source où l'on puise l'eau à une profondeur de cinquante blancs. Cette eau est réputée avoir les plus grandes vertus ; les pèlerins la boivent avec avidité et se la répandent sur le corps pour se fortifier. On l'exporte en cruches et en bouteilles dans toutes les villes musulmanes, où elle se vend à un prix très élevé. D'après le chimiste Frankland, qui a pu l'analyser, jamais eau ne fut si souillée de matières organiques.

Sur chacun des côtés de la Casbah s'élève un oratoire ou chapelle consacrée aux prières de chacune des quatre sectes de l'Islamisme sunnite, c'est-à-dire orthodoxe : les Chafites, qui se trouvent surtout en Syrie et en Mésopotamie ; les Hanbalites, qui sont en Arabie ; les Hanafites, en Turquie et dans le Turkestan, et les Malékites, en Afrique. A côté du bâtiment du Zemzem se trouve une petite chapelle qui garde une pierre sacrée où se voit l'empreinte des pieds d'Abraham, et tout à côté de cette chapelle est une chaire en marbre où l'on prêche les vendredis et jours de fête. La cour de la mosquée est en partie pavée et en partie recouverte de gravier, et n'oublions pas ce détail qui ne laisse pas d'être intéressant, par suite de l'élévation qui s'est produite dans le niveau général de la Mecque, elle est en contre-bas du reste de la ville.

Le territoire qui entoure la Mecque est sacré, et du moment qu'un pèlerin y a mis le pied, il a commencé son hadji, son pèlerinage. Aussi y rencontre-t-on de nombreuses mosquées. L'un des lieux les plus visités est le mont Arafat, à une vingtaine de kilomètres de la ville sainte, à l'est. Le mont Arafat, appelé aussi la montagne sacrée, le mont de la miséricorde, est une masse de granit brisée en gros blocs et tant soit peu garnie de broussailles desséchées. Elle peut avoir 1 kilomètre 1/2 de circonférence et s'élève brusquement d'une plaine sablonneuse jusqu'à la hauteur de 60 mètres. Les Musulmans racontent que quand nos premiers parents furent chassés du paradis terrestre pour avoir désobéi à Dieu, ils furent précipités sur la terre, Adam dans l'île de Ceylan et Ève sur le mont Arafat. Ce ne fut qu'après plusieurs années de recherche qu'Adam parvint à la montagne de la miséricorde où l'attendait Ève qui avait passé son temps à l'appeler par son nom. Des Musulmans veulent même qu'ils aient fini leurs jours dans l'Hedjaz. Adam serait enterré dans la plaine de la Mecque. Cette opinion est controversée. Quant à la tombe d'Ève, il n'en est pas de même, et l'on montre aux environs de Djeddah le sépulcre de notre première mère. Notons cette particularité. Les Musulmans attribuent à nos premiers parents une taille gigantesque, effrayante. Adam et Ève, si nous nous en rapportons à leurs traditions, auraient eu de 140 à 150 mètres de haut, et ils ajoutent que si ils se montraient, leurs descendants seraient à leur vue glacés d'épouvante et de terreur.

La Mecque n'est pas la seule ville sainte de l'Islamisme ; celle de Médine est, de la part des Musulmans, l'objet d'une vénération presque égale, et le pèlerin qui vient baiser la pierre noire de la Casbah ne manque jamais d'aller visiter la mosquée du prophète à Médine et d'accomplir un acte qui, s'il n'est pas obligatoire, est des plus méritoires.

Ainsi que la Mecque, Médine est située dans l'Hedjaz, 340 kilomètres séparent les deux villes saintes. Médine a une population d'environ vingt mille habitants. Elle est située dans un territoire sacré, appelé le *Houdoud-El-Haraun*, espace de 300 kilomètres carrés, où tous les péchés sont interdits. La ville forme un ovale irrégulier entouré de murs datant du XIIe siècle, flanqués d'une quarantaine de tours et percés de quatre portes massives. Les maisons sont bâties en pierres de couleur brune, les rues étroites et propres, et quelques-unes pavées. A l'ouest et au sud, en dehors de l'enceinte, s'étendent les faubourgs entremêlés de jardins et de plantations, et séparés de la ville par un grand espace vide qui constitue une espèce de boulevard et sert de rendez-vous et de halte aux caravanes. Au contraire de la Mecque, Médine, qui se trouve dans une région volcanique, à 1,000 mètres d'altitude, jouit d'un climat salubre et l'hiver y est rigoureux. Les campagnes des environs sont assez riches, arrosées par de nombreux ruisseaux qui grossissent beaucoup après les pluies. Le sol est fertile, et l'œil est agréablement recréé par la vue des palmiers-dattiers qui alternent avec les champs de blé. La ville du prophète est en somme un séjour agréable.

Le seul monument remarquable de Médine, est la grande mosquée, qui renferme le tombeau du prophète, et est située à l'extrémité de la ville et non au centre, comme le disent à tort la plupart des géographes. C'est un bâtiment construit sur le modèle de celui de la Mecque, ayant seulement cent soixante-cinq pas de long sur cent trente de large et consistant en une grande cour carrée entouré de tous côtés de galeries couvertes et renfermant un petit édifice. Ces galeries avec leurs colonnes sont moins régulières que celles de la Mecque. Près de l'angle du sud-est se trouve le fameux tombeau. Il est entouré d'une grille de fer peinte en vert, dont la hauteur atteint le tiers des colonnes. Cette grille enferme un espace irrégulier d'environ vingt pas carrés. Elle est d'un bon travail et a quatre portes dont les deux principales placées au midi, sont revêtues d'argent et portent chacune, en même métal, l'inscription si fameuse dans l'Islamisme : *La illala il allah, al hak Mobin*. Dans l'intérieur, une tenture couvre un édifice carré de pierres noires soutenu par deux colonnes et renfermant les tombeaux de Mahomet et des deux premiers khalifes, Abou-Bekre et Omar. Celui de Mahomet est le plus grand. La ville est toujours remplie des souvenirs du prophète : l'on vous montre son jardin, le puits où il abreuvait ses chameaux, les palmiers plantés par sa femme Fatma et la place où elle moulait son blé avec un moulin à bras. Il existe toujours à Médine un grand nombre de familles dont l'origine remonte aux premiers temps de l'Islamisme. Tels sont les descendants d'Ali, qui constituent un groupe de quatre à cinq cents individus, ceux d'Abou-Bekre, en petit nombre, et ceux d'Abbas, héritiers des Abassidés, les anciens khalifes de Bagdad, représentés par une seule famille dans laquelle on prend les imans du sanctuaire. Médine n'a pas oublié son passé et se rappelle toujours l'époque où avant Damas et Bagdad, sous les premiers successeurs de Mahomet, elle était la capitale de la puissance musulmane.

Ainsi que nous l'avons dit, le pèlerinage de la Mecque est l'une des bases de l'Islamisme et plusieurs surates du Koran s'y rapportent tout spécialement. L'on distingue deux sortes de pèlerinages : l'*omra*, qui peut avoir lieu en tout temps, et le *Hadj*, qui n'a lieu qu'à la grande fête annuelle, qui tombe le dernier mois de l'année [1]. Tout Musulman qui a accompli ce pèlerinage, a le droit de faire précéder son nom du mot *Hadji*, le pèlerin.

Les pèlerins se rendent à la Mecque de tous les points du monde musulman. Rien ne les oblige à faire le voyage en commun ; s'ils se réunissent ordinairement en caravane, c'est parce que c'est la manière de voyager dans ces parties du monde, la plus sûre et la moins coûteuse. Il y a même des trajets qu'un voyageur ne pourrait faire isolé. Lorsque l'époque arrive,

[1] N'oublions pas que l'année des Musulmans est lunaire et ne compte que 360 jours.

les mosquées sont plus animées que de coutume. Les imans redoublent d'ardeur pour encourager les fidèles à entreprendre le voyage, et leur indiquent les lieux où doivent se réunir les caravanes et le jour du départ. Les confréries religieuses recueillent des collectes afin de procurer à ceux de leurs membres qui sont pauvres, les moyens de visiter les villes saintes. Les Musulmans qui ont l'intention de partir font leurs préparatifs, et inutile de dire que la plupart du temps, leur bagage est insignifiant. Dans une caravane, les femmes sont rares, et, d'après l'Islamisme, une femme qui entreprend le pèlerinage de la Mecque sans être munie de la patente matrimoniale, ne saurait s'en faire un mérite aux yeux de Dieu, comme si elle accompagnait un époux. Pour remédier à ce désavantage, et se procurer un mari, elle a recours à une supercherie qui consiste en une union de circonstance, appelée *mariage de pèlerinage*. Toutes les fois qu'une caravane de pèlerins se prépare à visiter les lieux saints, on voit les femmes non mariées, veuves ou vieilles filles, se mettre en quête de quelque individu qui consente à jouer ce rôle de mari d'occasion. Elles s'adressent pour cela au premier venu et lui demande sans rougir s'il veut devenir son mari de pèlerinage. Ce consentement obtenu, les fiancés se pourvoient de deux témoins, et ils ont légalement contracté un mariage à courte échéance. Dès ce moment, ils emboîtent le pas de la caravane, et chacun des deux se hisse à son tour sur le chameau, ou s'ils vont à pied, ils se traînent appuyés l'un sur l'autre, à la suite de la colonne. Le jour du Kourban Beïram, celui où les cérémonies du pèlerinage sont terminées, ces mariages sont rompus et chacun des deux époux s'en va de son côté pour ne jamais se revoir. Parfois ces choses ne se passent pas si facilement, et il arrive le cas où un mari s'apercevant qu'il a eu affaire à une riche veuve, veut profiter de la circonstance et convertir le provisoire en définitif. Alors le divorce est une opération difficile; aussi les caravanes fourmillent-elles de vauriens qui donnent la chasse aux veuves, aux vieilles filles et aussi à leurs piastres.

Les caravanes qui se rendent chaque année à la Mecque sont nombreuses : elles partent de divers points et parcourent des routes très différentes. Actuellement, il y a cinq routes principales : celles de Damas, de Djebel-Shammer, du Nedjed, de l'Yemen et de Djeddah. La première et la dernière sont les plus importantes.

La caravane qui se réunit à Damas est, depuis le commencement du xvie siècle, la caravane officielle de la Turquie. Chaque année, le sultan envoie des présents aux lieux saints de l'Islamisme, et ces présents sont portés par les pèlerins qui partent de Constantinople, ainsi que le *Hamlé,* ou redevance religieuse que le gouvernement turc envoie annuellement à Médine et qui consiste en dix-huit quintaux de bougies destinées à l'éclairage du tombeau du prophète et plusieurs flacons d'eau de rose. La caravane de Damas est toujours commandée par un haut fonctionnaire que nomme le sultan et escortée par un détachement de soldats arabes montés sur des dromadaires et un détachement d'artilleurs avec deux pièces de canon.

Elle se compose de Turcs, d'Albanais, d'Anatoliens, de Kurdes, de Syriens, et, comme races, elle est fort bigarrée.

Le départ a lieu de Damas, et aux portes de cette ville commence le désert. Le trajet dure sept semaines. Les stations consistent en de petits châteaux échelonnés sur la route, où l'on trouve de l'eau et où l'on dépose des provisions pour le retour. La caravane s'arrête dans la ville de Maan, située au sud-est de la mer Morte, traverse les localités d'Akabit Schamie, Mudauara, Dhar El, Thebuck, Dar El Hamrah, Madine Saleh, Hedied, et marche à peu près parallèlement à l'axe longitudinal de la mer Rouge jusqu'à Médine, et de là à la Mecque. Pendant ce trajet, la défense et la conduite sont confiées à quatre grandes tribus du désert, qui, moyennant une subvention de la Porte ottomane, assurent le voyage des pèlerins. On estime à près de trois millions de piastres, les subsides qu'elle leur donne annuellement.

La deuxième et la troisième routes sont surtout fréquentées par les Persans. La deuxième route part du lieu appelé Meshed-Ali, situé dans le voisinage de Bagdad, où se trouve le tombeau d'Ali, très vénéré par les Chiytes. La caravane traverse le Djebel Shammar dont le cheick lui fournit une escorte à l'aller et au retour, à un prix convenu, arrive à la petite ville de Haïl, laisse sur sa droite Médine, rejoint d'habitude, à El-Sufayna, la caravane de Damas, et arrive avec elle à la Mecque.

La troisième caravane peut être considérée comme la caravane officielle de la Cour de Téhéran, qui s'y fait représenter par un fonctionnaire. Le rendez-vous est fixé soit à Bender-Bouchir, dans le golfe Persique, soit à Meshed-Ali. Les pèlerins atteignent Bassorah, puis gagnent Hofhoof, dans l'El-Haça, et Byad, dans le Nedjed. En quittant Ryad, la caravane traverse les localités de Dorama et de Kowey, et suit une ligne presque droite, parsemée de villages et de puits parallèlement au Djebel-Toweyk jusqu'à Moghasil et la Mecque. Le retour a lieu de Médine par un chemin situé un peu plus au nord, qui traverse Meshka, Ashka, le pays de Cassim, Bereydah, pour rejoindre Ryad. Ce n'est pas sans difficultés et sans périls que cette caravane effectue son voyage. Il lui faut traverser le territoire habité par les Wahabites, et endurer leurs insultes et souvent résister à leurs attaques.

La quatrième caravane part de Sana, où viennent se réunir les pèlerins de l'Yémen, de l'Oman et de l'Hadramaour. Elle suit la chaîne des montagnes de l'Yémen et de l'Hedjaz, parallèlement à la mer Rouge, laissant à sa gauche la côte basse appelée Tchama. Il y a bien quelques cols difficiles à traverser, mais le pays est sain et habité. L'on n'y rencontre pas de déserts de sable. A chaque station, il y a des puits et des villages. L'arrivée a lieu à la Mecque par Taïf. Cette caravane est exclusivement arabe et parfois elle est conduite par l'iman de Sana.

La cinquième route, celle de Djeddah, part de la mer Rouge, située à environ quinze heures de marche de la Mecque. C'est aujourd'hui la plus fréquentée à cause des facilités que présente la navigation; l'introduction des bateaux à vapeur dans la mer Rouge a eu pour effet de modifier son trajet. Comme autrefois, le rendez-vous est au Caire, ou plutôt à quatre journées de cette ville. Jadis la caravane passait au nord de la presqu'île du mont Sinaï, allait à Akabar, au fond du golfe de ce nom, suivait la côte de la mer Rouge, s'arrêtait à Moïlah, Yambo, Rabegh et atteignait la Mecque, sans toucher à Djeddah. Aujourd'hui, les pèlerins s'embarquent à Suez, où ils vont souvent par la voie ferrée et débarquent à Djeddah. Cette ville est le rendez-vous des Musulmans de l'Inde, de l'Afghanistan, de l'Indo-Chine, des anciennes régences barbaresques de la côte occidentale d'Afrique, de la Nubie, du Soudan. L'Égypte est le centre de réunion ; on y vient du Sénégal, du Maroc, de l'Algérie, de la Tunisie, etc. Les Musulmans des anciennes régences barbaresques sont connus sous le nom de *Magrebins, occidentaux*. Il y a quelques années, ceux du Maroc étaient toujours conduits par un parent du sultan. Les Algériens s'y font aussi remarquer par l'empressement avec lequel ils invoquent leur qualité de sujets français, lorsqu'ils ont besoin de la protection de nos consuls. Ce sont les pèlerins d'Afrique qui sont le plus exposés aux souffrances et aux privations. Aussi le voyage est-il pour eux fort pénible et donne-t-il lieu à une recrudescence de fanatisme.

Le nombre des pèlerins qui visitent chaque année les villes saintes est considérable et on peut l'évaluer en moyenne à quatre-vingts et même cent mille. Le plus fort contingent est donné par l'Arabie qui fournit environ le tiers des pèlerins, vingt-cinq à trente mille. Dix à douze mille viennent des Indes anglaises, huit à dix mille de l'empire Ottoman, douze à quinze cents de la Tunisie, à peu près autant de Zanzibar, etc.

Les Musulmans de la Chine sont les seuls qui ne viennent pas visiter les *lieux saints*. Aussi ne trouve-t-on pas chez eux le fanatisme qui caractérise généralement les disciples du Koran.

Les caravanes sont moins nombreuses qu'au Moyen âge. Au temps des Khalifes de Bagdad, un luxe inouï était alors déployé et les Croyants se racontent encore les pèlerinages d'Haroun-al-Raschid et de sa femme Zobéide. Leur imagination est restée frappée par le souvenir de ces visites dont chacune constituait pour le successeur de Mahomet, une dépense d'un million de divan. Actuellement, il n'en est plus ainsi et l'on a constaté que les largesses étaient de plus en plus rares dans les hautes classes, par suite de leur contact avec les Européens. En outre, la Mecque a cessé d'être la *ville sainte* d'autrefois. Sa population bigarrée et mercantile l'a rendue la pire cité de l'Orient. Les Mekhanis vivent du séjour des pèlerins ; ils leur louent des logements, leur servent de guides et les exploitent avec une habileté qui ne laisse rien à désirer.

La vue d'une caravane a toujours quelque chose de pittoresque. Parfois c'est une ville ambulante, un immense convoi de sept à huit mille personnes et souvent une troupe de trois à quatre cents. Chaque caravane a un chef et ses ordres sont toujours suivis et exécutés. La plupart des pèlerins sont à cheval ou montés sur des chameaux ; certains sont à pied et leur sort est réellement digne de pitié. Ce sont de pauvres gens qui durant le trajet vivent d'aumônes et sont partis en n'emportant pour toute provision que quelques poignées d'orge dans le capuchon de leurs burnous. De nombreux chevaux chargés de vivres, assurent la subsistance de la caravane ainsi que des troupeaux de moutons et de chèvres qui suivent bon gré, mal gré. L'on marche la plus grande partie de la journée ; les étapes ne sont guère que de quatre à cinq lieues Lorsque le soleil commence à baisser, l'on fait halte, l'on dresse les tentes et l'on s'occupe de préparer le repas du soir. C'est un brouhaha indescriptible. L'agitation rompt le silence du désert. L'on entend les cris des cavaliers, les joyeux youyous des femmes et des enfants ; les dromadaires font retentir leurs clochettes, les chevaux hennissent, les moutons bêlent. On dresse les tentes qui d'habitude sont rangées en ordre, on fait cuire le pain et souvent des Arabes se contentent d'écraser l'orge entre deux pierres, de l'humecter dans de l'eau et cette pâte indigeste leur suffit. On décharge les outres, on se désaltère, on fait le café ; les pipes sont bourrées et alors à la lueur des étoiles, autour des feux, les conversations s'engagent et dans chaque groupe, il y a toujours un conteur dont les récits sont religieusement écoutés. L'on s'endort ; beaucoup de pèlerins campent en plein air, sans abri. Le lendemain, l'on se remet en route ; lorsque deux caravanes se rencontrent, ou lorsqu'on entre dans une ville, on décharge les fusils, on fait parler la poudre ! Telle est la vie d'une caravane jusqu'au moment où l'on approche des *lieux saints*. Alors commence le pèlerinage.

La préparation au pèlerinage consiste à se vêtir du costume sacre appelé *ihram*. C'est un linge blanc ou à raies dont on s'enveloppe les reins. Le pèlerin jette un autre linge sur ses épaules en forme d'écharpe, il ne porte aux pieds que des sandales. Les femmes peuvent aussi se costumer, mais restent voilées ; tous les pèlerins se font, à cette occasion, raser la tête, tailler la moustache, couper les ongles ; ils se lavent et se parfument. Cette cérémonie a lieu d'habitude avant l'étape qui précède l'arrivée à la Mecque. A partir de ce moment, il faut éviter les querelles, les conversations légères, ne pas tuer de gibier, ni même faire enfuir un animal ; il est même interdit de détruire la vermine qui vous incommode, de toucher à un arbre, d'arracher un brin d'herbe. Les huiles, les parfums sont défendus et il ne faut jamais se couvrir le crâne. Tout ce qu'on peut faire, quand on désire de l'ombre, c'est d'élever ses mains au-dessus de sa tête en guise de parasol, toute infraction à ces règles doit être compensée par le sacrifice d'un mouton. Chaque groupe de pèlerins écoute l'allocution d'un cheick qui a sa direction morale, et il s'efforce autant qu'il peut de faire comprendre à ses ouailles l'importance de l'acte qu'ils accomplissent.

La première cérémonie du pèlerinage a lieu au mont Arafat, célèbre par le souvenir de la rencontre d'Adam et d'Ève. L'on s'y rend de la Mecque et processionnellement. L'étendard vert du prophète est déployé ; la plupart des pèlerins récitent des prières ou lisent le Koran. On traverse la vallée de Muna où a eu lieu le sacrifice d'Abraham. Arrivés dans la plaine, les pélerins se dispersent au pied du mont Arafat et y passent la nuit. A l'aube, deux coups de canon appellent les fidèles à la prière. Après midi, l'on doit se purifier par une ablution complète, et à trois heures, a lieu un sermon auquel on est tenu d'assister. Le prédicateur est ordinairement le cadi de la Mecque. Il est monté sur un chameau. Quelquefois il lit son discours. Il est d'usage qu'il pleure. Le sermon est souvent interrompu par les cris : « Fais de nous ce que tu voudras, ô Dieu, fais de nous ce que tu voudras. » Quand le soleil se couche, l'on se met en marche, au bruit de la mousqueterie, à la lueur des torches, et au bout de deux heures, l'on arrive près de la mosquée de Merdefila, où l'on passe la nuit.

Le lendemain, les pèlerins sont encore éveillés par le son du canon. Après la prière, ils écoutent un nouveau sermon devant la mosquée de Merdefila et se dirigent ensuite vers la vallée de Muna. C'est là que le diable apparut à Adam qui lui jeta des pierres. Tous les pèlerins font de même et se servent de petits cailloux de la grosseur d'une fève et qui doivent avoir été ramassés dans la vallée. L'égorgement des victimes, destiné à rappeler le sacrifice d'Abraham, a lieu ensuite. La tête de l'animal doit être tournée du côté de la Casbah, et le sacrificateur dit en lui coupant la gorge : « Au nom de Dieu très miséricordieux, ô Dieu suprême. » Ce sont des brebis, des vaches ou des chameaux dont le nombre varie suivant la fortune ou la dévotion de chacun. Les pèlerins restent encore deux jours à Muna, où ils répètent la cérémonie de jeter des pierres, jusqu'à ce qu'ils aient atteint le nombre soixante-trois ; après quoi, ils retournent à la Mecque.

C'est alors que se fait la visite solennelle à la Casbah. En entrant sous les arcades, le pèlerin se prosterne quatre fois pour remercier Dieu et saluer l'édifice. Il se dirige ensuite vers la pierre noire et la baise après quatre prosternations. Commence ensuite la cérémonie appelée *touab* qui consiste à faire sept fois le tour de la Casbah, le côté gauche tourné vers le temple, et à baiser ou à toucher la pierre noire. Le pèlerin s'approche ensuite du mur même de la Casbah. Il étend les bras, appuie la poitrine contre l'édifice et demande pardon à Dieu de ses péchés. Il entre ensuite, se prosterne quatre fois à chacun des quatre coins, et récite des prières. Lorsqu'il a fini, il doit appuyer ses bras étendus contre la muraille et implorer la miséricorde de Dieu. L'on assiste à un spectacle émouvant. Les visages sont baignés de larmes et l'on entend retentir les sanglots et les lamentations.

Le pèlerin se rend ensuite au puits Zemzem ; il y prie et en boit l'eau autant qu'il le peut. Il écoute un sermon et se recueille avant de sortir de l'enceinte sacrée. Il se rend ensuite aux deux collines Safa et Merwa où erra Agar alors qu'elle cherchait une source pour désaltérer Ismaël. Il va sept fois de l'une à l'autre en se tournant du côté de la Casbah. La dernière cérémonie est la visite à l'*Omra,* qui est situé à une demi-heure de la Mecque. C'est là que Mahomet allait faire sa prière du soir. On s'y prosterne quatre fois, on y récite des prières et l'on revient à la ville en chantant : « *Fais de moi ce que tu voudras, ô mon Dieu, fais de moi ce que tu voudras.* Le pèlerin fait ensuite une nouvelle visite à la Casbah, aux collines Safa et Merwa. Après quoi il dépouille l'*ihram* et il est *Hadji*.

Jusqu'à ces temps derniers, le pèlerinage de la Mecque s'était accompli en dehors de l'action de l'Europe, qui y était demeurée complètement étrangère. Mais elle a cru devoir intervenir, et avec raison, quand la salubrité publique a été mise en jeu. En 1831, le pèlerinage de la Mecque nous avait apporté le choléra ; en 1865, il avait ramené le fléau, et il ne faut pas s'en étonner lorsqu'on sait dans quelles conditions hygiéniques se fait ce pèlerinage et que l'on connaît les circonstances qui développent la mortalité. Cette masse de quatre-vingts à cent mille hommes réunie dans les villes saintes peut facilement constituer un foyer pestilentiel. Aucun pèlerin ne fait le voyage sans apporter un trouble violent dans ses habitudes. Le changement de climat, les fatigues du voyage, parfois l'insuffisance des aliments, la mauvaise qualité de l'eau, les conditions défectueuses des logements appellent en quelque sorte l'épidémie et favorisent son développement. En outre, des milliers de bêtes immolées dans la vallée de Muna, dont une partie pourrit sur place, le peu de soin avec lequel les morts sont enterrés sont une cause permanente d'infection. Si bien que le docteur Schnepp a estimé qu'en temps ordinaire il périssait le cinquième des pèlerins. La navigation à vapeur avait considérablement augmenté la mortalité ; le voyage par terre pouvait à la rigueur être considéré comme une sorte de quarantaine. Quant aux soins médicaux, inutile de dire qu'ils sont inconnus.

L'Europe s'est émue à la suite des ravages du fléau en 1865, et en 1866, une commission internationale s'est réunie à Constantinople. Elle comprenait les représentants des puissances européennes, et de plus ceux des États-Unis et de la Perse. L'on décida à l'avenir qu'une surveillance active serait exercée à Suez par le gouvernement égyptien, et en même temps la Sublime-Porte prenait des dispositions pour faire nettoyer les citernes de la Mecque et creuser des puits et des fosses d'aisance dans la vallée de Muna. En outre, lorsque l'épidémie aurait été signalée, toute communication devait être suspendue entre les ports arabiques et le littoral égyptien, et au besoin quelques navires de guerre viendraient appuyer la mise à exécution de cette mesure. La route de terre était laissée libre ; néanmoins toute caravane devait être arrêtée à plusieurs journées de marche de Suez, visitée par une commission médicale, et ne serait autorisée à pénétrer en Égypte qu'autant que son état sanitaire serait jugé satisfaisant.

Ces précautions n'étaient que le minimum des mesures à prendre, et cependant les délégués anglais, obéissant aux instructions du cabinet de Saint-James, refusèrent de s'associer à la proposition qui interdisait le retour par mer en cas d'épidémie ! Cette infamie ne doit pas nous étonner de la part de l'Angleterre, dont la philanthropie n'a jamais été qu'une comédie hypocrite. Heureusement, depuis 1866, le pèlerinage de la Mecque s'est constamment effectué sans que l'on ait eu à signaler parmi les pèlerins la présence du choléra.

L'aperçu que nous venons de tracer du pèlerinage aux villes saintes de l'Islamisme indique son importance. Quelques mots achèveront de compléter notre exposé.

L'Islamisme compte environ deux cents millions d'adhérents et aucun chef religieux n'est universellement reconnu par tous les Croyants. Les sultans de Constantinople ont beau s'intituler successeurs des Khalifes, leur autorité est loin d'être acceptée au Maroc, à Zanzibar, à Sana, dans l'Inde, etc. Pour parler exactement, l'Islamisme ne constitue pas une Église dans le vrai sens du mot, et c'est en vain que l'on chercherait en pays musulman quelque chose d'analogue à nos paroisses et à nos diocèses. La mosquée est un lieu de prières fréquenté par les fidèles du voisinage, mais elle n'est pas le centre d'une circonscription. Il n'existe pas de clergé, et il ne faudrait pas chercher à établir quelque analogie entre les imans et notre clergé. Le Cheick-ul-Islam, qui représente en Turquie le sultan dans l'ordre religieux, n'a pas le caractère d'un pontife, et ses attributions consistent à interpréter la loi et à reconnaître, par un fetva, que les mesures prises par le gouvernement n'ont rien de contraire au Koran et à la Sunna. Les derviches ne rappellent en rien par leur organisation nos ordres religieux, et ils vivent à peu près à leur guise dans leurs tekkés ou couvents. La hiérarchie ecclésiastique est inconnue des Musulmans, et néanmoins, l'on est surpris de l'unité que présentent les disciples du Koran. L'Islamisme compte bien plusieurs sectes dissidentes, telles que celles des Chiytes, des Babys, en Perse, celle des Wahabites dans le Nedjed, mais la plus grande partie est Sunnite. Cette unité, que les Musulmans conservent malgré leurs divisions politiques, est due aux confréries religieuses, et connaître leur organisation, leur puissance, c'est connaître la vitalité de l'Islamisme et ses moyens d'action.

Les confréries religieuses constituent chez les Musulmans de vastes associations plus ou moins mystérieuses, ayant une organisation des plus complètes, et une puissance d'autant plus redoutable qu'elle compte plus d'adhérents. Ces confréries sont nombreuses, et nous nous bornerons à citer celles des Sénoussi et des Mouley-Taïeb. Cette dernière se trouve dans le Maroc et a son siège à Ouazzan ; l'on estime à quatre millions le nombre de ses disciples. Quant à la confrérie des Sénoussi, elle est actuellement la plus redoutable et ses progrès sont continus. L'on estime de sept à huit millions les Musulmans qui en font partie ; aussi pensons-nous entrer à son sujet dans quelques détails, d'autant plus que toutes ces confréries se ressemblent plus ou moins, et que connaître l'une d'elles c'est connaître les autres.

L'ordre des Sénoussi remonte au XIIe siècle de notre ère, mais son développement ne date que de notre siècle. C'est une réforme religieuse dont le but est de ramener l'Islam à sa pureté primitive. Le Croyant qui y adhère, renonce au luxe dans les vêtements que l'on abandonne aux femmes, leur principale qualité étant de plaire. L'usage du tabac et du café est interdit, et il est seulement permis de boire du thé sucré avec de la cassonade, car le sucre blanc cristallisé est impur à cause des ossements d'animaux, tués par les non Musulmans, qui servent à le raffiner. La haine des Chrétiens et des Juifs est poussée à ses limites les plus extrêmes, et il est défendu d'avoir des rapports avec eux. Le centre de cette association est Jerhboud, oasis située dans les déserts de la Cyrénaïque. C'est là que réside le grand maître de la confrérie qui correspond avec les supérieurs des couvents ou zaouias et les partisans de qualité par l'entremise de courriers spéciaux et d'une façon qui défie la surveillance la plus active. En outre, chaque année, à l'époque du Beïram, le grand maître convoque les *mokuaddem* ou chefs des *zaouias* à un synode qu'il tient à Jerhboud, et l'on examine la situation spirituelle et temporelle de l'association, la tournure à donner à sa politique, suivant les événements. La confrérie des Sénoussi est au courant de ce qui se passe en Europe; elle a même des agents à Paris. Jerhboud est un véritable centre; plusieurs centaines d'étudiants ou *tolbas* s'y préparent à l'apostolat; l'on y trouve un arsenal contenant des fusils, des canons, des approvisionnements de poudre et de munitions. De Jerhboud dépendent de nombreuses zaouias qui sont autant de centres religieux et, si l'on peut s'exprimer ainsi, les chef-lieux de provinces ecclésiastiques. Il en existe en Tripolitaine, en Égypte, en Arabie, en Nubie, en Tunisie, en Algérie, au Maroc, au Soudan, à Tombouctou. L'on en fonde de nouvelles sur les bords du lac Tchad, sur les rives du Niger, au Sénégal, dans l'Afrique australe [1].

Chaque zaouia a à sa tête un chef nommé mokaddem ou préfet qui est sans cesse en relations avec le grand maître, et chaque mokaddem a sous ses ordres des aghas et des vekils qui font exécuter ses ordres dans le territoire formant sa circonscription. C'est une hiérarchie complète, d'autant plus redoutable qu'elle est mystérieuse! Tel est actuellement le mouvement d'expansion des Sénoussi.

Ce que nous venons de dire des Sénoussi s'applique aux autres confréries. Chacune d'elles a ses rites, ses prescriptions, mais l'organisation est la même, et tout Musulman qui a *pris la rose*, c'est-à-dire a été reçu *khouan*, frère d'une confrérie, doit se consacrer corps et âme à la défense de ses intérêts et obéir aveuglément à ses chefs. Toutes ces confréries reçoivent leur mot d'ordre de la Mecque, et il ne faut pas s'étonner des conséquences politiques du pèlerinage.

Toutes ces confréries relèvent de la Mecque qui a la direction du monde musulman. Cette cité est le centre d'une propagande religieuse très active qui s'exerce à l'aide des pèlerins, dans l'Inde, dans la Malaisie, au pays des Gallas, en Abyssinie, au Soudan, etc. Les effets de cette propagande sont particulièrement sensibles dans l'Afrique centrale, où la race des Peulhs est en train de convertir les nègres au Koran. Au Sénégal, il en est de même. Sans doute,

[1] Les Sénoussi comptent vingt-cinq zaouias en Algérie ; les principales sont à Bou-Saada, Laghouat, Mostaganem et à Terkan.

il y a des pèlerins chez lesquels la vue des lieux saints produit une certaine désillusion et que les désordres du séjour rendent moins bons Musulmans. Le chef des Babys, si nous nous en rapportons à M. de Gobineau, aurait perdu son orthodoxie à la Mecque. Mais la majorité revient avec un accroissement du sentiment religieux. Ce n'est pas la piété telle que nous la comprenons, c'est une recrudescence d'orgueil qui se traduit par la haine et le mépris des infidèles. Comme chez les Musulmans, la religion se confond avec la politique, il n'y a pas à se méprendre sur le caractère de cette propagande qui est d'autant plus facile que non seulement l'arabe est la langue sacrée des disciples du Koran, mais encore la langue usuelle d'une partie d'entre eux, de toutes ces populations d'origine arabe.

Ce qui contribue à affirmer le prestige et l'influence de la Mecque c'est, outre la famille du grand chérif, issue de Mahomet, qu'un grand nombre de pèlerins, venus de tous les pays, sont restés dans cette ville par attachement au *lieu saint*, et de plus nombre de personnages politiques s'y sont retirés, soit par dégoût, soit pour y aider à la direction du mouvement. L'on trouve à la Mecque des représentants de tous les pays musulmans. Aussi ne devons-nous pas nous étonner de son action politique.

Cette action est des plus réelles, et les faits le prouvent surabondamment. Des complots s'ourdissent à la Mecque et ils sont mis à exécution. C'est ainsi que l'insurrection des Indes, en 1857, a éclaté sur un ordre parti de la ville sainte, et que la plupart des mouvements que nous avons eu à réprimer en Algérie n'ont pas eu d'autre cause. A l'heure actuelle, l'œuvre ordonnée, entreprise, est la conquête religieuse de l'Afrique, et les Croyants espèrent que d'ici quelques années la majorité des nègres aura adhéré au Koran. Il ne faut pas se dissimuler que cette propagande constitue pour nous un véritable danger, et le jour où le continent noir sera musulman, il sera fermé aux Européens, au Christianisme et livré au règne de la force et de la violence.

L'influence du pèlerinage de la Mecque est d'autant plus grande, qu'à ses conséquences politiques nous devons ajouter ses conséquences commerciales. A notre époque, la lutte se place principalement sur le terrain économique, et là où le commerce est inconnu ou se borne à quelques transactions indispensables, il n'y a pas d'avenir. Plus que jamais, l'on connaît réellement la vitalité d'une nation, d'une race, non pas au nombre de régiments qu'elle peut mettre en ligne, mais surtout à ses productions, à ses exportations, à ses achats. Jusqu'à présent l'on s'est mépris sur le pèlerinage de la Mecque et l'on a trop oublié son côté pratique. Les routes de la Mecque sont les grandes voies commerciales du monde musulman ; les voyages à la ville sainte donnent lieu à un trafic considérable, et la cité qui possède la Casbah et est le centre religieux de l'Islam, est aussi le centre d'un mouvement d'affaires qui ne laisse pas d'étonner et de surprendre.

L'on estime à quatre-vingts à cent mille le nombre des pèlerins qui visitent annuellement les villes saintes. Ces pèlerins ont des besoins, et aussi le point de départ d'une caravane est-il le siège d'un marché plus ou moins considérable, suivant le nombre et la richesse des pèlerins. En outre, partout où passe une caravane elle occasionne certaines dépenses, et elle compte dans son effectif des marchands, des traficants. Les routes du pèlerinage sont autant de voies commerciales. Pendant longtemps, l'on s'est demandé si ces transactions faites durant le voyage donnaient lieu à des transactions importantes. Il est difficile d'apprécier ce mouvement commercial, mais l'on sait maintenant que la plupart des pèlerins ne portent avec eux d'autres marchandises que celles qui leur sont nécessaires pour battre monnaie et que généralement ils ont la bourse plus ou moins garnie de numéraire. C'est à la Mecque et à Djeddah, qui lui sert de port, qu'ont lieu les échanges, les ventes, les achats. C'est là que se concentrent surtout les affaires et elles doivent atteindre un chiffre considérable.

La Mecque est donc une ville essentiellement commerciale, et tout Mekhani est en quelque sorte marchand. L'on a calculé que chaque pèlerin dépensait en moyenne de 400 à 450 francs pour les deux ou trois semaines qu'il résidait dans la cité sainte de l'Islam, et, en outre, avant de partir, il n'est pas rare qu'il ne fasse quelque achat extraordinaire. Aussi le bazar est-il toujours bien approvisionné. Au moment du grand pèlerinage, il se tient dans la ville une foire considérable. L'on estime à cent ou cent vingt millions de francs la valeur des marchandises qui sont vendues chaque année et dont le débit constitue un assez beau bénéfice. Les marchandises que l'on trouve sont le sucre, les farines, les épiceries, les drogues, les conserves, le savon, les fruits secs, le fil d'or et d'argent, les allumettes, les bougies, le papier, la quincaillerie, les souliers, la verrerie, les porcelaines, les faïences, les cotonnades, la soie, les soieries, les mousselines, les draperies, les laines, la nacre, les écailles de tortue, les peaux de bœuf, de chèvre, de mouton, la cire, le miel, la gomme, l'encens, les dattes, l'aloès, les essences, le musc, les tapis ; ceux de Perse sont les plus recherchés [1].

L'Hedjaz est stérile ; aussi est-il obligé de tirer du dehors les objets de consommation nécessaires pour nourrir sa population flottante, et à l'approche du pèlerinage, l'on a soin de faire de grands approvisionnements. L'Égypte fournit ses blés et ses orges, l'Yémen son café, l'Inde anglaise du riz et le désert ses moutons. Enfin, pour terminer cet aperçu, n'oublions pas que le commerce des chameaux, des chevaux et des ânes est fort important à la Mecque, et que les étalons du Nedjed sont fort recherchés et font en quelque sorte prime sur le marché.

Djeddah, si tristement célèbre par le massacre des consuls de France et d'Angleterre en 1858, sert de port à la Mecque. C'est là que débarquent de nombreux pèlerins, et ils ont pour habitude de laisser des fonds dans cette ville pour servir à leur rapatriement. Inutile de dire qu'ils sont rançonnés, exploités de la façon la plus indigne. Quoique le mouillage consiste en une rade parsemée de bancs de corail, il est fréquenté ; ce va et vient continuel a donné à Djeddah une grande importance et ses bazars sont renommés

[1] N'oublions pas que la Mecque est un marché d'esclaves fort important. Espérons que les généreux efforts du cardinal de Lavigerie seront couronnés de succès.

dans tout l'Orient. En 1881, le mouvement commercial dépassait cinquante millions, dont plus de quarante pour les importations. Tout naturellement les Européens se sont demandé s'il n'y aurait pas lieu de venir exploiter directement ce débouché au lieu d'avoir recours à des intermédiaires tels que les marchands indigènes. La quincaillerie vient d'Angleterre, les laines et les draperies d'Allemagne, le sucre d'Autriche, les soieries de France, etc. A Djeddah, la consommation des produits d'Europe augmente, et l'on a songé à fonder dans cette ville des comptoirs, dans l'espoir qu'ils ne tarderaient pas à absorber la plupart des transactions. La mise à exécution de cette idée est loin d'être facile. Le manque de sécurité, le fanatisme des habitants, les désagréments sont autant d'obstacles à vaincre. Jusqu'à présent, il n'existe qu'une seule maison européenne, tenue par des Hollandais, et son crédit est fort bien établi. La placidité hollandaise a su vaincre les préjugés des Musulmans. L'on a aussi pensé à s'associer avec des Algériens, d'autant plus que plusieurs d'entre eux sont fixés dans la ville en qualité de commerçants. Mais de telles associations ne seraient-elles pas fort problématiques, et pour notre part nous regarderions comme risqués les capitaux qui y seraient engagés. Les Européens ne peuvent encore se bercer de l'espoir d'être les *pourvoyeurs* immédiats du pèlerinage de la Mecque, et s'ils veulent rendre de plus en plus l'Arabie tributaire de leur industrie, ils doivent se servir d'intermédiaires musulmans. L'accès des villes saintes est interdit aux Roumis, et trois seulement, l'Allemand Buckhardt.

l'Anglais Burton et le Hollandais Snoucke Hargronge, ont pu y pénétrer à l'aide d'un déguisement et en se mêlant à la foule des Hadjis.

Tel est le pèlerinage de la Mecque et telles sont ses conséquences politiques et commerciales. L'Europe ne peut et ne doit pas les perdre de vue, d'autant plus que, tôt ou tard, il lui faudra compter avec le monde musulman et soutenir la lutte contre lui en Afrique et en Asie. La France, l'Angleterre, la Russie et la Hollande comptent au nombre de leurs sujets plusieurs millions de Musulmans et doivent avoir les yeux constamment tournés du côté de la Mecque et surveiller avec soin les routes du pèlerinage. La France est une puissance africaine et par cela même en partie musulmane. Prêtons-nous une attention suffisante aux grands mouvements qui se produisent depuis quelques années dans les vastes domaines de l'Islam, dans le pays noir, dans ce Soudan resté pour nous mystérieux, quoiqu'il touche à nos possessions algériennes et sénégalaises et que les disciples du Koran sont en train de conquérir ? Nous rendons-nous bien compte du réveil qui se manifeste chaque jour d'une façon plus menaçante parmi les belliqueux sectateurs de Mahomet ?

Nous avons eu déjà, il y a huit ans, un avertissement des plus sérieux. Le Sud-Oranais s'est soulevé à la voix d'un chef audacieux, Bou-Améma, qui était prêtre et soldat, et affilié à la secte des Senoussi, dont la prétention est de régénérer l'Islam et dont les progrès ont, en Afrique, été considérables dans cette dernière moitié de notre siècle. Le rêve des Senoussi est de reconstituer l'empire des Arabes, de grouper les forces éparses des Musulmans, de les retremper dans des pratiques plus rigoureuses, dans une foi plus ardente, et de les lancer contre les infidèles, les Chrétiens usurpateurs. Une propagande des plus actives est faite par d'enthousiastes marabouts qui appellent les populations à la guerre sainte. Un fait historique qui les a puissamment aidés à enflammer le courage des fidèles, à échauffer leur zèle, c'est la venue du XIIIe siècle de l'Hégire, date célèbre dans les traditions musulmanes. Le prophète a dit que ce serait le siècle de gloire, de conquète et de domination universelle pour les vrais croyants. C'est alors que le Croissant doit rayonner sur le monde et, avec l'irrésistible concours d'*Allah*, les Musulmans deviendront les maîtres de la terre. *C'est écrit*. En novembre 1883, il y a bientôt six ans, nous sommes entrés dans le XIIIe siècle de l'Hégire, et juste à ce moment la grande insurrection du Soudan a commencé.

L'Europe est appelée à subir prochainement deux assauts terribles, qui viendront du monde chinois et du monde musulman. Est-elle prète à leur résister, à l'heure actuelle où la crise sociale devient de plus en plus aiguë ? Nous l'espérons, mais nous ne pouvons dissimuler nos inquiétudes ; et tout en ayant foi dans l'avenir, nous croyons que nous ne devons pas nous endormir dans la quiétude et nous laisser éblouir par les brillants côtés de notre civilisation. Redoublons de vigilance et soyons prêts pour la lutte qui sera des plus redoutables et des plus terribles.

ANGERS, IMPRIMERIE LACHÈSE ET DOLBEAU.

www.ingramcontent.com/pod-product-compliance
Lightning Source LLC
LaVergne TN
LVHW050501160826
845677LV00003B/864

* 9 7 8 2 3 2 9 6 6 3 6 0 9 *